42 Succhi Potenti per Prevenire il cancro:

Recupera naturalmente e previeni il cancro, aumentando specifiche vitamine e minerali di cui il tuo corpo ha bisogno per difendersi

di

Joe Correa CSN

COPYRIGHT

© 2018 Live Stronger Faster Inc.

Tutti i diritti riservati

La riproduzione o la traduzione di qualsiasi parte di questo libro, eccetto quanto previsto dai paragrafi 107 e 108 del Copyright Act degli Stati Uniti, senza l'autorizzazione di chi ne detiene i diritti, è illegale

Questa pubblicazione è stata progettata per fornire informazioni accurate e autorevoli riguardo all'argomento trattato. Viene venduto con la consapevolezza che né l'autore né l'editore forniscono consulenza medica. Se è necessaria una consulenza medica o assistenza, consultare un medico. Questo libro è da considerarsi una guida e non deve essere utilizzato in alcun modo che possa essere dannoso per la salute. Consultare un medico prima di iniziare questo piano nutrizionale per essere certi che sia giusto per voi.

RINGRAZIAMENTI

Questo libro è dedicato ai miei amici e ai miei familiari che hanno avuto malattie lievi o gravi affinché possano trovare le necessarie soluzioni e apportare cambiamenti nella loro vita.

42 Succhi Potenti per Prevenire il cancro:

Recupera naturalmente e previeni il cancro, aumentando specifiche vitamine e minerali di cui il tuo corpo ha bisogno per difendersi

di

Joe Correa CSN

SOMMARIO

Copyright

Ringraziamenti

Informazioni sull'autore

Introduzione

Impegno

42 Succhi Potenti per Prevenire il cancro: Recupera naturalmente e previeni il cancro, aumentando specifiche vitamine e minerali di cui il tuo corpo ha bisogno per difendersi

Altri titoli di questo autore

INFORMAZIONI SULL'AUTORE

Dopo anni di ricerca, credo onestamente negli effetti positivi che una corretta alimentazione può avere sul corpo e sulla mente. La mia conoscenza ed esperienza mi ha aiutato a vivere in maniera più sana nel corso degli anni e l'ho condivisa con familiari e amici. Più si mangia e si beve in maniera sana tanto più velocemente cambierà la vita e le abitudini alimentari.

La nutrizione è un tassello chiave nel processo di una vita più lunga e più sana, dunque perchè non iniziare oggi? Il primo passo è il più importante e il più significativo.

INTRODUZIONE

42 Succhi Potenti per Prevenire il cancro: Recupera naturalmente e previeni il cancro, aumentando specifiche vitamine e minerali di cui il tuo corpo ha bisogno per difendersi

di Joe Correa CSN

Circa 10-12 milioni di persone si ammalano di cancro ogni anno, il che rende il cancro una delle principali cause di morte nel mondo moderno. Negli ultimi due decenni il cancro ha assunto proporzioni epidemiche e colpisce quasi un uomo su due e una donna su tre. 7-8 milioni di vite vengono prese ogni da questa malattia, e si può sicuramente affermare che prevenire il cancro dovrebbe essere la priorità numero uno.

Alcune statistiche dicono che il cancro al seno nelle donne e il cancro al polmone negli uomini sono due dei tipi più comuni di cancro nel mondo.

Una delle principali cause di questa malattia è il nostro moderno stile di vita che ci fa vivere immersi in diverse tossine, sostanze cancerogene e stress. Ma il motivo principale è probabilmente una cattiva alimentazione per la maggior parte delle persone. La mancanza di nutrienti di base indebolisce il nostro sistema immunitario e ciò porta a gravi danni a lungo termine per la salute fino a portare allo sviluppo del cancro. La maggior parte del cibo è pieno di aromi artificiali, colori, additivi, stabilizzanti e conservanti. Sebbene alcune di queste sostanze siano innocue, molte di esse sono estremamente tossiche e possono privare il nostro organismo di alcuni importanti nutrienti. Nonostante la maggior parte delle persone conosca questi fatti, in teoria, molta gente non riesce a trovare abbastanza tempo per pianificare i propri pasti su base giornaliera, motivo per cui il fast food è diventato così popolare.

Questo è esattamente il motivo per cui l'assunzione di succhi e spremute dovrebbe essere la scelta numero uno per prevenire e combattere il cancro. Richiedono poco tempo ma ti forniscono una quantità incredibile di nutrienti di cui il tuo corpo ha bisogno per costruire il sistema immunitario e ridurre la possibilità di insorgenza del cancro. Queste ricette per prevenire il cancro sono pensate per darti esattamente questo, tutti i nutrienti importanti in un paio di minuti. Provale e vedrai che differenza possono fare nella tua vita!

IMPEGNO

Al fine di migliorare la mia condizione, io *(il tuo nome)*, mi impegno a mangiare maggiori quantità di questi alimenti su base giornaliera e di fare esercizio almeno 30 minuti al giorno:

- Frutti di bosco (soprattutto mirtilli), pesche, ciliegie, mele, albicocche, arance, succo di limone, pompelmo, mandarini, mandarini, pere, ecc.

- Broccoli, spinaci, cavoli verdi, patate dolci, avocado, carciofi, granturco, carote, sedano, cavolfiore, cipolle, ecc.

- Cereali integrali, fiocchi d'avena, quinoa, orzo, ecc.

- Fagioli neri, fagioli rossi, ceci, lenticchie, ecc.

- Frutta secca e semi tra cui: noci, anacardi, semi di lino, semi di sesamo, ecc.

- Pesce

- 8 - 10 bicchieri d'acqua

Firma qui

X_____

42 SUCCHI POTENTI PER PREVENIRE IL CANCRO: RECUPERA NATURALMENTE E PREVIENI IL CANCRO, AUMENTANDO SPECIFICHE VITAMINE E MINERALI DI CUI IL TUO CORPO HA BISOGNO PER DIFENDERSI

1. Succo di carota e patate dolci

Ingredienti:

2 carote grandi

1 piccola patata dolce, sbucciata

2 mele verdi di media grandezza, intere

1 arancia grande, pelata

¼ cucchiaino di spezia alla zucca

Preparazione:

Unire tutti gli ingredienti eccetto la spezia in uno spremitore e lavorarli fino ad ottenere un frullato.

Trasferire il succo in bicchieri e aggiungere alcuni cubetti di ghiaccio.

Cospargere con la spezia e servire.

Valori nutrizionali per porzione: Kcal: 147, Proteine: 2,1 g, Carboidrati: 35,4 g, Grassi: 0,1 g

2. Succo di Ginger e Chia

Ingredienti:

3 carote grandi

2 mele grandi, intere

¼ cucchiaino di zenzero, macinato

1 cucchiaio di semi di chia

Preparazione:

Mescolare tutti gli ingredienti eccetto i semi di chia in uno spremitore e frullare fino ad ottenere un succo.

Trasferire il succo in bicchieri e aggiungere alcuni cubetti di ghiaccio. Cospargere con i semi di chia prima di servire per aggiungere ulteriori nutrienti. Gustare!

Valori nutrizionali per porzione: Kcal: 177, Proteine: 3,2 g, Carboidrati: 28,4 g, Grassi: 4,6 g

3. Succo di zucca Kale

Ingredienti:

¼ di tazza di cavolo fresco

½ zucca di gialla, sbucciata

1 broccolo di medie dimensioni

1 mela grande, intera

¼ tazza di spinaci freschi

4-5 carote piccole.

Preparazione:

Mescolare tutti gli ingredienti in uno spremitore e frullare fino ad ottenere un succo.

Trasferire il succo in bicchieri e aggiungere alcuni cubetti di ghiaccio. Servire immediatamente.

Valori nutrizionali per porzione: Kcal: 81, Proteine: 2,3 g, Carboidrati: 18,4 g, Grassi: 0,2 g

4. Succo di anguria

Ingredienti:

1 tazza di anguria, sbucciata e con i semi

1 tazza di ananas, sbucciata

1 limone grande, sbucciato

¼ cucchiaino di zenzero, macinato

Preparazione:

Mescolare tutti gli ingredienti in uno spremitore e frullare fino ad ottenere un succo.

Trasferire il succo in bicchieri e aggiungere alcuni cubetti di ghiaccio. Servire subito!

Valori nutrizionali per porzione: Kcal: 41, Proteine: 1,4 g, Carboidrati: 10,2 g, Grassi: 0,1 g

5. Succo di Cancun

Ingredienti:

½ tazza di cavolo fresco

1 lime grande, sbucciato

1 cetriolo grande

1 costa di Sedano

1 peperoncino jalapeno, con i semi

Preparazione:

Mescolare tutti gli ingredienti in uno spremitore e frullare fino ad ottenere un succo. Aggiungere acqua di cocco se è troppo piccante.

Trasferire il succo in bicchieri e aggiungere alcuni cubetti di ghiaccio.

Servire immediatamente.

Valori nutrizionali per porzione: Kcal: 171, Proteine: 3,2 g, Carboidrati: 47,3 g di grassi: 1,3 g

6. Succo ai semi di lino

Ingredienti:

2 carote grandi

¼ tazza di spinaci freschi

2 cucchiai di prezzemolo fresco

2 mele grandi, intere

¼ cucchiaino di zenzero, macinato

1 cucchiaio di semi di lino

Preparazione:

Mescolare tutti gli ingredienti in uno spremiagrumi tranne i semi di lino. Frullare fino ad ottenere un succo.

Trasferire il succo in bicchieri e aggiungere alcuni cubetti di ghiaccio.

Cospargere con i semi di lino e servire!

Valori nutrizionali per porzione: Kcal: 119, Proteine: 4,3 g, Carboidrati: 62,2 g, Grassi: 2,3 g

7. Succo di limone kale

Ingredienti:

½ tazza di cavolo fresco

1 limone, sbucciato

2 mele grandi, intere

1 pera grande, intera

Preparazione:

Mescolare tutti gli ingredienti in uno spremitore e frullare fino ad ottenere un succo.

Trasferire in bicchieri e aggiungere alcuni cubetti di ghiaccio prima di servire.

Gustare!

Valori nutrizionali per porzione: Kcal: 120, Proteine: 3,2 g, Carboidrati: 62,5 g, Grassi: 1,2 g

8. Succo di broccoli

Ingredienti:

1 tazza di broccoli

2 grandi arance sbucciate

1 cetriolo grande, sbucciato

1 carota grande

Preparazione:

Mescolare tutti gli ingredienti in uno spremitore e frullare fino ad ottenere un succo.

Trasferire il succo in bicchieri e aggiungere alcuni cubetti di ghiaccio.

Servire subito!

Valori nutrizionali per porzione: Kcal: 68, Proteine: 2,3 g, Carboidrati: 19,7 g, Grassi: 0,1 g

9. Succo di cavolfiore

Ingredienti:

½ tazza di cavolo verde

¼ cucchiaino di zenzero, macinato

1 cetriolo grande

¼ tazza di prezzemolo fresco

1 mela grande, intera

Preparazione:

Mescolare tutti gli ingredienti in uno spremitore e frullare fino ad ottenere un succo.

Trasferire il succo in bicchieri e aggiungere alcuni cubetti di ghiaccio.

Servire immediatamente.

Valori nutrizionali per porzione: Kcal: 96, Proteine: 3,1 g, Carboidrati: 28,7 g, Grassi: 1,2 g

10. Succo di mandarino e finocchio

Ingredienti:

1 grande finocchio

½ tazza di cavolo fresco

1 mela verde grande, intera

4 mandarini, pelati

Preparazione:

Mescolare tutti gli ingredienti in uno spremitore e frullare fino ad ottenere un succo.

Trasferire al servizio bicchieri e aggiungere pochi cubetti di ghiaccio o refrigerare prima di consumare.

Valori nutrizionali per porzione: Kcal: 121, Proteine: 4,3 g, Carboidrati: 31,3 g, Grassi: 1,3 g

11. Succo d'uva verde

Ingredienti:

1 tazza di uva verde

2 cetrioli grandi

1 pera grande, intera

1 lime, sbucciato

Preparazione:

Mescolare tutti gli ingredienti eccetto i semi di chia in uno spremitore e frullare fino ad ottenere un succo.

Trasferire in bicchieri e conservare in frigorifero per 30 minuti prima di servire.

Valori nutrizionali per porzione: Kcal: 113, Proteine: 18,3 g, Carboidrati: 31,3 g, Grassi: 0,1 g

12. Succo di crescione

Ingredienti:

½ tazza di crescione

2 mele grandi, intere

1 limone grande, sbucciato

1 lime grande, sbucciato

Preparazione:

Mescolare tutti gli ingredienti in uno spremitore e frullare fino ad ottenere un succo.

Trasferire il succo in bicchieri e aggiungere alcuni cubetti di ghiaccio.

Servire immediatamente.

Valori nutrizionali per porzione: Kcal: 101, Proteine: 17,2 g, Carboidrati: 28,8 g, Grassi: 0,2 g

13. Succo di ananas e melone

Ingredienti:

1 tazza di melone, sbucciato

½ ananas, sbucciato

2 mele grandi, intere

½ tazza di cavolo fresco

Preparazione:

Mescolare tutti gli ingredienti in uno spremitore e frullare fino ad ottenere un succo.

Trasferire in bicchieri e conservare in frigorifero per 30 minuti prima di servire.

Valori nutrizionali per porzione: Kcal: 115, Proteine: 1,2 g, Carboidrati: 28,8 g, Grassi: 1,2 g

14. Succo di finocchio e ravanello

Ingredienti:

6 ravanelli di medie dimensioni

1 finocchio piccolo

1 arancia grande, pelata

5 gambi di sedano tagliati a pezzetti

1 cetriolo grande

Preparazione:

Mescolare tutti gli ingredienti in uno spremitore e frullare fino ad ottenere un succo.

Trasferire in bicchieri e conservare in frigorifero per un po' prima di servire.

Valori nutrizionali per porzione: Kcal: 110, Proteine: 6,1 g, Carboidrati: 28,7 g, Grassi: 1,2 g

15. Succo di bietole rosse

Ingredienti:

½ tazza di bietola svizzera

½ tazza di basilico fresco

1 lime grande, sbucciato

2 mele grandi, intere

¼ tazza di menta fresca

Preparazione:

Mescolare tutti gli ingredienti in uno spremitore e frullare fino ad ottenere un succo.

Trasferire in bicchieri e aggiungere pochi cubetti di ghiaccio o refrigerare prima di consumare.

Valori nutrizionali per porzione: Kcal: 114, Proteine: 2,3 g, Carboidrati: 30,4 g, Grassi: 0,2 g

16. Succo di cavolo verde

Ingredienti:

½ tazza di cavolo verde

4 gambi di sedano

1 mela verde grande, intera

3 carote grandi

1 limone grande, sbucciato

1 cucchiaio di miele liquido

Preparazione:

Mescolare tutti gli ingredienti in uno spremitore e frullare fino ad ottenere un succo.

Trasferire in bicchieri e conservare in frigorifero per 20 minuti prima di servire.

Valori nutrizionali per porzione: Kcal: 162, Proteine: 3,1 g, Carboidrati: 39,3 g, Grassi: 0,1 g

17. Succo di pompelmo e rosmarino

Ingredienti:

3 pompelmi grandi, pelati

3 grandi arance, sbucciate

1 limone grande, sbucciato

½ cucchiaino di rosmarino fresco tritato

Preparazione:

Mescolare tutti gli ingredienti in uno spremitore e frullare fino ad ottenere un succo.

Trasferire il succo in bicchieri e aggiungere alcuni cubetti di ghiaccio.

Cospargere di rosmarino fresco e servire immediatamente!

Valori nutrizionali per porzione: Kcal: 140, Proteine: 3,4 g, Carboidrati: 37,6 g, Grassi: 0,1 g

18. Succo di pesca e fragola

Ingredienti:

3 pesche grandi, snocciolate

1 tazza di fragole

1 mela verde grande, intera

¼ cucchiaino di zenzero, macinato

Preparazione:

Mescolare tutti gli ingredienti in uno spremitore e frullare fino ad ottenere un succo.

Trasferire in bicchieri e conservare in frigorifero per 1 minuti prima di servire.

Valori nutrizionali per porzione: Kcal: 64, Proteine: 1,2 g, Carboidrati: 18,3 g, Grassi: 0,1 g

19. Succo al coriandolo

Ingredienti:

½ tazza di coriandolo

3 gambi di sedano

1 mela verde grande, intera

1 limone grande, sbucciato

¼ cucchiaino di zenzero, macinato

Preparazione:

Mescolare tutti gli ingredienti tranne lo zenzero in uno spremitore.

Frullare fino ad ottenere un succo, versare nei bicchieri e cospargere di zenzero.

Aggiungere alcuni cubetti di ghiaccio e servire immediatamente.

Valori nutrizionali per porzione: Kcal: 73, Proteine: 2,2 g, Carboidrati: 26,7 g, Grassi: 0,1 g

20. Succo di melograno e cavolo

Ingredienti:

1 cucchiaio di semi di melograno

½ tazza di cavolo fresco

1 mela verde grande, intera

¼ cucchiaino di zenzero, macinato

4 foglie di menta fresca

Preparazione:

Mescolare i semi di melograno, il cavolo verde, la menta e la mela in uno spremiture e frullare fino ad ottenere un succo.

Trasferire in bicchieri e aggiungere lo zenzero e alcuni semi di melograno, a piacere.

Aggiungere alcuni cubetti di ghiaccio e servire immediatamente.

Valori nutrizionali per porzione: Kcal: 143, Proteine: 6,2 g, Carboidrati: 41,2 g, Grassi: 2,4 g

21. Succo pomodoro e aglio

Ingredienti:

2 pomodori grandi, tagliati a metà

2 spicchi d'aglio sbucciati

3 cetrioli grandi

1 peperone grande, con i semi

1 scalogno piccolo

1 lime grande, sbucciato

¼ di tazza di coriandolo fresco

Preparazione:

Mescolare tutti gli ingredienti in uno spremitore e frullare fino ad ottenere un succo.

Trasferire in bicchieri e conservare un poco in frigorifero prima di servire.

Valori **nutrizionali per porzione:** Kcal: 109, Proteine: 6,4 g, Carboidrati: 38,5 g, Grassi: 1,2 g

22. Succo di carota e ananas

Ingredienti:

1 tazza di ananas, sbucciato

2 carote grandi

½ tazza di crescione

1 limone grande, sbucciato

¼ di cucchiaino di radice di zenzero

Preparazione:

Mescolare tutti gli ingredienti in uno spremitore e frullare fino ad ottenere un succo.

Trasferire nei bicchieri e gustare!

Valori nutrizionali per porzione: Kcal: 101, Proteine: 3,1 g, Carboidrati: 34,2 g, Grassi: 1,1 g

23. Succo di kiwi e fragola

Ingredienti:

2 kiwi, sbucciati

1 cetriolo grande

1 tazza di fragole fresche

1 piccolo lime, sbucciato

2 cucchiai di menta fresca

Preparazione:

Mescolare tutti gli ingredienti in uno spremitore e frullare fino ad ottenere un succo.

Trasferire in bicchieri e conservare in frigorifero per un po' fino al momento di consumare.

Valori nutrizionali per porzione: Kcal: 91, Proteine: 3,1 g, Carboidrati: 29,9 g, Grassi: 0,9 g

24. Succo di mela e chia

Ingredienti:

1 mela rossa grande, intera

1 limone grande, sbucciato

1 peperone grande, con i semi

3 cucchiai di semi di chia

Preparazione:

Unire mela, limone e peperone in uno spremitore

Frullare fino ad ottenere un succo e aggiungere i semi di chia.

Lasciare riposare per 15 minuti per addensare e mescolare bene prima dell'uso.

Valori nutrizionali per porzione: Kcal: 135, Proteine: 4,2 g, Carboidrati: 31,3 g, Grassi: 6,2 g

25. Succo di pompelmo piccante

Ingredienti:

1 kiwi grande, pelato

½ pompelmo di medie dimensioni, pelato

1 limone grande, sbucciato

3 gambi di sedano

¼ cucchiaino di zenzero, macinato

½ cucchiaino di pepe di Caienna

Una manciata di crescione

Preparazione:

Unire kiwi, pompelmo, limone, sedano e crescione in uno spremiagrumi e frullare fino ad ottenere un succo.

Trasferire nei bicchieri e aggiungere zenzero e pepe di caienna.

Gustare!

Valori nutrizionali per porzione: Kcal: 61, Proteine: 2,1 g, Carboidrati: 20,4 g, Grassi: 1,1 g

26. Succo di cetriolo alla curcuma

Ingredienti:

1 cetriolo grande

1 tazza di ananas, tritato

3 gambi di sedano

¼ tazza di spinaci freschi

¼ cucchiaino di zenzero, macinato

¼ cucchiaino di curcuma, macinato

Preparazione:

Mescolare tutti gli ingredienti tranne lo zenzero in uno spremitore.

Frullare fino ad ottenere il succo e versare nei bicchieri. Aggiungere la curcuma e lo zenzero e servire.

Valori nutrizionali per porzione: Kcal: 109, Proteine: 3,3 g, Carboidrati: 61,2 g, Grassi: 1,3 g

27. Succo di Zucchini Roma

Ingredienti:

2 zucchine di media grandezza

1 spicchio d'aglio sbucciato

6 gambi di asparagi

3 pomodori Roma

4 carote grandi

Preparazione:

Mescolare tutti gli ingredienti in uno spremitore e frullare fino ad ottenere un succo.

Trasferire nei bicchieri e gustare subito!

Valori nutrizionali per porzione: Kcal: 92, Proteine: 5,4 g, Carboidrati: 27,3 g, Grassi: 0,9 g

28. Succo di cannella e Chia

Ingredienti:

1 cucchiaio di semi di chia

1 mela grande, intera

1 tazza di spinaci freschi, spezzettati

¼ cucchiaino di cannella, macinato

Preparazione:

Unire la mela e gli spinaci in uno spremitore e frullare fino ad ottenere un succo.

Trasferire nei bicchieri e aggiungere i semi di cannella e chia.

Mettere da parte per 20 minuti per addensare, quindi servire.

Valori nutrizionali per porzione: Kcal: 121, Proteine: 4,3 g, Carboidrati: 27,8 g, Grassi: 5,3 g

29. Succo di cocco e verdure

Ingredienti:

1 lime grande, sbucciato

85 ml di acqua di cocco

5 piccoli gambi di sedano

¼ tazza di menta fresca

¼ tazza di spinaci freschi

Preparazione:

Unire il lime, il sedano, gli spinaci e la menta in uno spremitore e frullare fino ad ottenere un succo.

Versare nei bicchieri e aggiungere l'acqua di cocco. Refrigerare per 20 minuti prima di consumare.

Valori nutrizionali per porzione: Kcal: 45, Proteine: 2,2 g, Carboidrati: 16,8 g, Grassi: 1,6 g

30. Succo di broccoli e cavolfiore

Ingredienti:

2 tazze di cavolfiore, tritate

1 tazza di broccoli freschi

4 carote grandi

1 mela verde grande, intera

1 cucchiaino di radice di zenzero

Preparazione:

Unire tutti gli ingredienti in uno spremitore e frullare fino ad ottenere un succo.

Trasferire in bicchieri e guarnire con la menta o aggiungere cubetti di ghiaccio per rinfrescare.

Gustare!

Valori nutrizionali per porzione: Kcal: 136, Proteine: 6,3 g, Carboidrati: 42,8 g, Grassi: 1,2 g

31. Succo di verdure con ghiaccio

Ingredienti:

1 cetriolo di medie dimensioni

1 pera grande, intera

3 carote grandi

1 limone grande, sbucciato

¼ tazza di menta fresca

½ tazza di broccoli

1 cucchiaino di radice di zenzero

½ cucchiaino di polvere di tè verde

60 ml d'acqua

Preparazione:

Unire cetriolo, pera, carote, limone, menta, zenzero e broccoli in uno spremitore e frullare fino ad ottenere un succo.

Mescolare acqua con tè verde in un bicchiere di servizio e aggiungere il succo.

Mescolare con un cucchiaio e aggiungere alcuni cubetti di

ghiaccio. Servire immediatamente.

Valori nutrizionali per porzione: Kcal: 141, Proteine: 5,5 g, Carboidrati: 45,7 g, Grassi: 0,9 g

32. Succo di arancia e verdure

Ingredienti:

2 grandi arance sbucciate

½ tazza di broccoli freschi, tritati

3 carote grandi

4 foglie di cavolo verde

4 foglie di cavolo fresco

1 spicchio d'aglio sbucciato

Preparazione:

Mescolare tutti gli ingredienti in uno spremitore e frullare fino ad ottenere un succo.

Trasferire in bicchieri e servire immediatamente.

Valori nutrizionali per porzione: Kcal: 171, Proteine: 9,2 g, Carboidrati: 43,3 g di grassi: 2,3 g

33. Succo di arancia al miele

Ingredienti:

2 grandi arance sbucciate

½ tazza di pompelmo, tritato

4 foglie di cavolo fresco

1 cucchiaio di miele liquido

¼ cucchiaino di zenzero, macinato

Preparazione:

Unire le arance, il pompelmo e il cavolo in uno spremitore e frullare fino ad ottenere un succo.

Trasferire in bicchieri e aggiungere il miele e lo zenzero.

Servire immediatamente.

Valori nutrizionali per porzione: Kcal: 128, Proteine: 7,3 g, Carboidrati: 34,5 g, Grassi: 1,1 g

34. Succo di patate dolci allo zenzero

Ingredienti:

2 patate dolci di media grandezza, sbucciate

1 pesca grande, snocciolata e dimezzata

¼ cucchiaino di zenzero, macinato

¼ cucchiaino di cannella, macinato

Preparazione:

Unire le patate e la pesca in uno spremitore e frullare fino ad ottenere un succo.

Trasferire nei bicchieri e aggiungere lo zenzero e la cannella.

Servire immediatamente.

Valori nutrizionali per porzione: Kcal: 159, Proteine: 5,2 g, Carboidrati: 50,1 g, Grassi: 0,9 g

35. Succo di pomodoro alla fragola

Ingredienti:

1 tazza di fragole fresche

2 pomodori grandi

2 carote grandi

1 arancia grande, pelata

1 peperone grande, con i semi

Preparazione:

Mescolare tutti gli ingredienti eccetto i semi di chia in uno spremitore e frullare fino ad ottenere un succo.

Trasferire in bicchieri e conservare in frigorifero per 30 minuti prima di servire.

Valori nutrizionali per porzione: Kcal: 104, Proteine: 3,9 g, Carboidrati: 31,2 g, Grassi: 1,1 g

36. Succo di arancia alla curcuma

Ingredienti:

1 peperone grande, con i semi

1 arancia grande, pelata

1 carota grande

1 limone grande, sbucciato

1 cetriolo piccolo

¼ cucchiaino di curcuma, macinato

Preparazione:

Mescolare tutti gli ingredienti in uno spremitore e frullare fino ad ottenere un succo.

Versare nei bicchieri e aggiungere la curcuma. Servire immediatamente.

Valori nutrizionali per porzione: Kcal: 152, Proteine: 4,2 g, Carboidrati: 48,1 g, Grassi: 1,3 g

37. Succo di rucola

Ingredienti:

1 tazza di rucola fresca

1 limone grande, sbucciato

1 lime grande, sbucciato

1 arancia grande, pelata

1 kiwi grande, pelato

1 cetriolo piccolo

Preparazione:

Mescolare tutti gli ingredienti eccetto i semi di chia in uno spremitore e frullare fino ad ottenere un succo.

Versare nei bicchieri e servire immediatamente.

Valori nutrizionali per porzione: Kcal: 192, Proteine: 3,1 g, Carboidrati: 31,6 g, Grassi: 0,9 g

38. Succo di mango

Ingredienti:

1 mango grande, pelato

1 cetriolo grande

¼ tazza di spinaci freschi

60 gr di cocco, grattugiato

Preparazione:

Unire mango, cetriolo e spinaci in uno spremitore e frullare fino ad ottenere un succo.

Versare nei bicchieri e aggiungere l'acqua di cocco.

Mettere in frigo per 1 ora prima di servire.

Valori nutrizionali per porzione: Kcal: 68, Proteine: 1,9 g, Carboidrati: 20,1 g, Grassi: 0,5 g

39. Succo di porro e bok choy

Ingredienti:

1 porro di medie dimensioni

1 piccolo bok choy

½ tazza di basilico fresco

1 mela verde grande, intera

2 carote grandi

4 foglie di cavolo fresco

Preparazione:

Mescolare tutti gli ingredienti in uno spremitore e frullare fino ad ottenere un succo.

Versare nei bicchieri e conservare in frigorifero prima di consumare

Valori nutrizionali per porzione: Kcal: 169, Proteine: 2.3 g, Carboidrati: 46.2 g, Grassi: 1.9 g

40. Succo di kale alla fragola

Ingredienti:

2 tazze di fragole fresche

1 mela verde grande, intera

1 cetriolo grande

4 foglie di cavolo fresco

Preparazione:

Mescolare tutti gli ingredienti in uno spremitore e frullare fino ad ottenere un succo.

Trasferire in bicchieri e servire immediatamente.

Valori nutrizionali per porzione: Kcal: 184, Proteine: 7,7 g, Carboidrati: 49,5 g, Grassi: 2,1 g

41. Succo di melone thailandese

Ingredienti:

1 tazza di melone, sbucciata

1 piccola testa di lattuga romana

1 cucchiaio di cocco, grattugiato

½ tazza di basilico fresco

1 cetriolo grande

Preparazione:

Mescolare tutti gli ingredienti eccetto i semi di chia in uno spremitore e frullare fino ad ottenere un succo.

Trasferire in bicchieri e servire immediatamente.

Valori nutrizionali per porzione: Kcal: 112, Proteine: 2.3 g, Carboidrati: 22.6 g, Grassi: 1.1 g

42. Succo di barbabietola allo zenzero

Ingredienti:

2 grandi barbabietole, tagliate

1 cetriolo grande

1 mela rossa grande, intera

1 lime grande, sbucciato

¼ cucchiaino di zenzero, macinato

Preparazione:

Mescolare tutti gli ingredienti in uno spremitore e frullare fino ad ottenere un succo.

Trasferire nei bicchieri e aggiungere lo zenzero e la cannella. Mettere in frigo per 1 ora prima di servire.

Valori nutrizionali per porzione: Kcal: 109, Proteine: 2,8 g, Carboidrati: 33,6 g, Grassi: 0,7 g

ALTRI TITOLI DELLO STESSO AUTORE

70 ricette efficaci per prevenire e risolvere il sovrappeso: bruciare il grasso velocemente usando una dieta adeguata e nutrendosi in maniera intelligente

Di Joe Correa CSN

48 Ricette per risolvere l'acne: il percorso veloce e naturale per risolvere i problemi di acne in meno di 10 giorni!

Di Joe Correa CSN

41 ricette per prevenire l'Alzheimer: ridurre o eliminare l'Alzheimer in 30 giorni o meno!

Di Joe Correa CSN

70 ricette efficaci contro il cancro al seno: prevenire e combattere il cancro al seno con un'alimentazione intelligente e alimenti efficaci

Di Joe Correa CSN

www.ingramcontent.com/pod-product-compliance
Lightning Source LLC
Chambersburg PA
CBHW060343080526
44584CB00013B/903